Serviettentechnik
dekorativ & nützlich

von Angelika Nowotny

Maritimes

Abbildung siehe Seite 1

Servietten „Lighthouse", „Sailing", Blaue Muscheln

Deko-Objekte Holzbild, 26 x 43 cm
2 blaue Sekt- oder Weinflaschen, 1 Paar Holzklompen

Acryl- bzw. Allesfarbe elfenbein, hellblau

Kleber Mod Podge, Patio Paint, transparent; Silikonkleber

Sonstiges Perlmuttglimmer, weißes Tonpapier

3-D-Holzbild

Rahmeninnenfläche hell grundieren und eine Serviettenhälfte aufleimen.

Ein Serviettenteil mit Schiff und Leuchtturm mit Mod Podge auf Tonpapier bügeln, ausschneiden und mit Silikonkleber aufbringen.

Das Boot, zwei einzeln ausgeschnittene Segel, die Hausfront mit Büschen sowie einen Leuchtturm mit Abstand aufkleben.

Es folgt ein weiterer Leuchtturm und schließlich eine Leuchtturmspitze.

Flaschen & Klompen

Die Flaschen jeweils zu 2/3 mit Elfenbeinfarbe betupfen. Die Klompen komplett hell grundieren.

Von den Servietten verschiedene Motivteile ausschneiden bzw. ausreißen und mit transparentem Patio Paint aufbringen.

Muschelflasche und Klompen zusätzlich mit Glimmer schmücken.

Zwischenräume der Klompen und Leuchtturm-Flasche mit blauer Farbe betupfen. (Genaue Anleitungen zu den Techniken auf S. 4 + 5)

Impressum:

ISBN: 3-934757-42-1 Best.-Nr.: 57421

Fotos: Peter Wirtz, Dormagen
Grafik/Zeichnungen: Daria Broda
Lithos/Layout/Satz: Marion Haustein, Dormagen
Druck: Neusser Druckerei und Verlag GmbH

Auflage: 8. 7. 6. 5. 4. 3. 2. 1. Rechte Zahl ist maßgebend.
Jahr: 2004 2003 2002 2001 2000

Vorwort

Kennen Sie schon das neue Trend-Hobby „Kreatives Gestalten mit Servietten"?

Wenn nicht, keine Sorge! Die Technik ist kinderleicht und Sie benötigen nicht viele Materialien. Bestimmt befinden sich in Ihrem Haushalt ein paar schöne Servietten, Töpfe, Schachteln und einige Farben. Nun fehlt nur noch ein Spezialleim und schon können Sie loslegen.

Sollte Sie das „Servietten-Fieber" bereits gepackt haben, finden Sie hier bestimmt viele neue Anregungen. Auch sogenannte „Wegwerf-Artikel" können Sie zu dekorativen und zugleich nützlichen Dingen veredeln.

Vielleicht geht es Ihnen dann bald so wie mir und Sie können keine Schachtel oder Dose mehr achtlos entsorgen.
Viel Spaß beim Basteln wünscht Ihnen

Angelika Nowotny
Angelika Nowotny

Vielen Dank

Vielen Dank, liebe Ute, für deine tatkräftige Unterstützung bei diesem Buch.

Danke, Ute W., für deine Gestaltung der urigen Klompen.

Danke auch an die Servietten-Lieferanten „Ihr" und „Stewo" für die freundliche Unterstützung und das zur Verfügung gestellte Material.

Außerdem wurden Servietten der Firmen „Ambiente", „Jonco", „Decor Herlitz", „Avant Garde", „Home Fashion" und „Molca" verarbeitet.
Einige Servietten sind leider unbekannter Herkunft.

Material & Werkzeug

Servietten

Es gibt sie in einer großen Auswahl. Sollten Sie nicht die im Buch verwendeten finden, wählen Sie einfach ein ähnliches Motiv.

Hinweis: In den Materialangaben stehen einige Motive mit „Gänsefüßchen". Dabei handelt es sich um die Bezeichnungen der Servietten-Lieferanten.

Farben

Hier eignen sich Acryl- bzw. Allesfarben. Zum Grundieren fast aller Deko-Objekte haben wir die Alles- oder Patio-Paint-Farbe Elfenbein gewählt. Patio Paint ist eine spezielle Farbe, die sowohl wasserfest als auch witterungsbeständig ist.

Kleber

Besonders gut für ein zügiges Arbeiten eignet sich das transparente Patio Paint. Für 3-D-Bilder benötigen Sie z.B. Mod Podge Leim, Silikonkleber oder beidseitig klebendes Abstandsband. Inzwischen bieten verschiedene Firmen Kleber für diese Technik an. Informieren Sie sich in Ihrem Bastelgeschäft.

Glimmer

Glimmer gibt es in verschiedenen Farben. Wir haben ausschließlich losen Perlmuttglimmer genutzt.

Diesen können Sie entweder in etwas transparentes Patio Paint einmischen oder auf den noch feuchten Kleber streuen.

Deko-Objekte

Bilderrahmen, Chipsrollen, Dachpfannen, Flaschen, Fotoalben, Holzkisten, Holzbügel, Klompen, Kakao- und Kaffeedosen, Keramikvasen, Pralinenschachteln, Pappdosen, Plastikbecher, Styropor-Eier, Tischsets, Terracotta-Töpfe, Waschmitteltonnen, Wandkästchen o.ä.

Hilfsmittel und Werkzeuge

Backpapier, Bügeleisen, Borstenpinsel in verschiedenen Größen, Schwämmchen, Schere, Klebepistole, Cuttermesser

Hinweis: Diese Hilfsmittel werden in den jeweiligen Materialangaben nicht mehr aufgeführt.

So wird's gemacht

Serviettentechnik

1. Zuerst streichen oder betupfen Sie Ihr Objekt – egal ob aus Pappe, Holz, Glas, Metall, Terracotta, Styropor oder Kunststoff – mit einer hellen Acryl- bzw. Allesfarbe und lassen diese trocknen. Die helle Grundierung ist sehr wichtig, sonst kommt das Serviettenmotiv nicht zur Geltung.

2. Servietten gibt es in einer großen Auswahl. Einzelne Motive können ausgeschnitten oder ausgerissen werden. Beim Ausreißen können Sie die Übergänge vom Serviettenfond zum Werkstück fließender gestalten. Alle Servietten bestehen aus drei Lagen Zellstoff. Für diese Technik benötigen Sie nur die oberste bedruckte Schicht. Lösen Sie diese nach dem Ausschneiden oder Reißen ab.

3. Wenn die Serviettenmotive bereitliegen, streichen Sie Ihre Dekoteile mit farblosem Patio Paint an. Genauso geeignet ist der Mod Podge Leim, beachten Sie hier die Herstellerangaben. Legen Sie auf den noch feuchten Patio Paint Kleber die Serviettenteile und streichen noch eine Schicht darüber. Hierbei immer von innen nach außen arbeiten, sonst würden die hauchdünnen Serviettenteile ausreißen.

4. Viele Objekte werden nach diesen Arbeitsschritten in der Schwammtechnik gestaltet. Hierfür geben Sie etwas Farbe (manchmal auch zwei nebeneinander) auf einen Teller oder ein Stück Folie. Mit einem Schwämmchen (gut geeignet sind kleine runde Schminkschwämme) nehmen Sie Farbe auf und betupfen den Serviettenrand und Teile des Dekostückes.

3-D-Bilder

Tragen Sie auf weißes Tonpapier gleichmäßig eine Lage Mod Podge auf und lassen Sie dies trocknen. Die oberste Schicht der Serviette auf das Tonpapier legen und mit Backpapier abdecken. Nun bügeln Sie dies auf der Einstellung „Baumwolle". Der Leim schmilzt durch die Bügelhitze und verbindet sich so mit dem Papier. Mit dem Pinsel eine weitere Lage Mod Podge auftragen und trocknen lassen. Für 3-D-Bilder benötigen Sie mehrere Schichten des aufgebügelten Motivs.

Den Untergrund bildet jeweils ein komplettes Bild. Um eine Tiefenwirkung zu erreichen, werden die weiter nach hinten liegenden Motivteile weggeschnitten und immer weniger werdende Details mit Abstandsband oder Silikonkleber aufgeklebt.

Auf der Wiese

Servietten
Gänse, Käfer auf der Wiese

Deko-Objekte
Dachpfanne, Wandbord,
Pappdose, 11 x 16 cm
hellblauer Terracotta-Topf,
Höhe 15 cm, Ø 11 cm

Acryl- bzw. Allesfarbe
elfenbein, hellblau, indigo, artischocke

Kleber
Patio Paint, transparent

Sonstiges
Holzbuchstaben, 4 cm hoch

Dachpfanne

Verschiedene Motivteile der Gänseserviette ausreißen und mit transparentem Patio Paint auf der hell grundierten Dachpfanne platzieren. In zwei Außenrillen den Blümchenrand der Serviette legen. Die Übergänge mit der blauen und grünen Farbe austupfen. Zum Schluss kleben Sie die blau bemalten (Farbe: indigo) Buchstaben mit Hilfe einer Klebepistole auf. Fertig ist ein hübscher Willkommensgruß für den Eingang.

Wandbord

Den Rand des grundierten Bords mit Einzelstücken des Blütendekors gestalten. Oberhalb des Ablagebrettchens wird das ausgerissene Gänsemotiv aufgebracht.

Topf

Den bereits farbigen Topf nur zur Hälfte mit Elfenbeinfarbe betupfen. Ein Viertel der Serviette ausreißen und aufbringen.

Dose

Dosendeckel und Unterteil komplett hell grundieren. Reißen Sie entsprechend der Deckelgröße das Serviettenmotiv aus. Den unteren Dosenteil mit grüner Farbe (artischocke) betupfen.

WELCOME

Frühling in der Heide

Servietten
Lämmer auf der Wiese

Deko-Objekte
Dachpfanne
hellgrüner Terracotta-Topf,
Höhe 15 cm, Ø 11 cm
Styropor-Ei zum Öffnen, 15 x 11 cm

Acryl- bzw. Allesfarbe
elfenbein, hellblau, grün

Kleber
Patio Paint, transparent

Dachpfanne

Aus einer Schafserviette verschiedene Einzelteile ausreißen und auf der Dachpfanne anordnen. Die Blümchenränder der Serviette abschneiden und auf die Dachpfannenränder legen. Den unteren Bereich mit grüner Farbe betupfen. Nach oben hin blaue Wölkchen auftupfen.

aEi

Dieses niedliche Ei für kleine Überraschungen mit heller Farbe grundieren. Zwei Lämmer und kleine Blümchen ausreißen und mit transparentem Patio Paint fixieren.

Topf

Hier wurde ein Serviettenteil ohne Grundierung aufgetragen. Den oberen Topfrand ziert die Blümchenborte.

Hase Schlappohr

Servietten
Hase Schlappohr,
blaue und grüne Eier, blaue Blumen

Deko-Objekte
Pralinenschachtel aus Kunststoff,
27 x 30 cm
Holzbilderrahmen, 25 x 25 cm
Styropor-Ei, 9 x 6 cm

Acryl- bzw. Allesfarbe
elfenbein, grün/blaues Mosaikspray

Kleber
Patio Paint, transparent; Mod Podge

Sonstiges
weißes Tonpapier, Abstandsband

Pralinenschachtel

Die grundierte Schachtel in der Mitte mit einer ausgerissenen Viertel-Serviette belegen. Sechs Eier mit etwas Randbeigabe behutsam ausreißen und an den Schachtelseiten platzieren.

3-D-Bild

Den hell grundierten Rand mit Mosaikspray kolorieren. Wenn die Sprühfarbe gut durchgetrocknet ist, jeweils drei Blüten in zwei Ecken aufbringen. Für die Bildmitte ein entsprechend großes Stück Serviette ausschneiden. Einen weiteren Hasen im Gras mit Mod Podge auf Tonpapier aufbügeln und ausschneiden. Diesen mit Abstandsband genau auf das untere Motiv aufkleben. Ein Ohr ragt vorwitzig über die Bildmitte hinaus.

Ei

Das Ei hell grundieren und mit der Mosaikfarbe besprühen. Zum Schluss zwei ausgerissene Blümchenmotive mit Patio Paint auftragen.

Buntes Ostertreiben

Servietten
bunte Eier, buntes Huhn, Gockel

Deko-Objekte
Pappbilderrahmen
apricotfarbener Terracotta-Topf, Höhe 15 cm, Ø 11 cm
Eierlikörflasche, gelbes Platzset
Toilettenpapierrollen

Acryl- bzw. Allesfarbe
elfenbein, gelb, orange, grün

Kleber
Paito Paint, transparent

Sonstiges
Naturbast, Cuttermesser

Alle Teile, ausgenommen des Platzsets, grundieren und gut trocknen lassen.

Pappbilderrahmen

Sechs Eier mit etwas gelbem Rand ausreißen und auf dem Bilderrahmen verteilen. Die Übergänge sowie den restlichen Rahmen mit gelber und oranger Farbe betupfen.

Topf

Das laufende Huhn aus der Serviette ausreißen und auf dem grundierten Teil aufbringen.

Flasche

Die zu 2/3 grundierte Flasche mit einem Hühnchen und vier Küken schmücken. Den Flaschenhals ziert eine Bastschleife. Eine hübsche Geschenkidee für alle Eierlikör-Fans.

Wer hätte das gedacht, dass aus einfachen Toilettenpapierrollen hübsche Tischaccessoires entstehen können!

Platzset

Einen Hahn entlang des Konturrandes ausschneiden, fünf bunte Eier ausreißen und mit transparentem Patio Paint auftragen. Mit Hilfe eines Schwämmchens und grüner Farbe eine Wiese auftupfen. Zum Schluss das gesamte Set mit Patio Paint überstreichen.

Für einen großen fröhlichen Ostertisch einfach mehrere ähnliche Platzsets anfertigen.

Eierbecher und Serviettenhalter

Für die Eierbecher schneiden Sie die Papprollen in 5 cm breite Stücke. Für die Serviettenringe benötigen Sie 7 cm lange Stücke.

Wichtig: Das Grundieren nicht vergessen. Stücke aus kleingemusterten Servietten mit Patio Paint um die Rollen legen, die überstehenden Kanten nach innen verkleben.

Hase und Igel

Servietten
„Foxwood Tales"

Deko-Objekte
Eierkarton, Holzbilderrahmen
Terracotta-Topf, Höhe 16 cm, Ø 15 cm
Styropor-Eier, 9 x 6 cm; 11 x 8 cm

Acryl- bzw. Allesfarbe
grün, elfenbein

Kleber
Patio Paint, transparent; Mod Podge

Sonstiges
weißes Tonpapier, Naturbast
Holzstäbchen, Abstandsband

Eierkarton

Drei Hasen mit ihrem Igelfreund tummeln sich auf einer Hälfte des grundierten Eierkartons. Die untere Seite des Eierkartons grün betupfen und schließlich mit einer Bastschleife dekorieren. So haben Sie eine hübsche Geschenkverpackung für schön bemalte Eier.

Topf und Eier

Verschiedene Teile der Serviette ausreißen und auf Topf und Eiern positionieren. Die Eier können Sie z.B. auf Holzstäbe stecken und mit Bast oder Schleifenbändern verzieren.

3-D-Bild

Zunächst den Rahmen sowie die Rückwand hell grundieren. Bügeln Sie nun 4 Viertel-Servietten mit dem gleichen Motiv mit Mod Podge auf weißes Tonpapier. Auf die Motivseite nochmals eine Lage Mod Podge auftragen, trocknen lassen und bügeln. Eine Viertel-Serviette mit Mod Podge auf die Rückwand kleben und folgende Motivteile mit Abstandsband aufsetzen.

1. Komplettes Hasenpaar auf dem Rad mit Weg und etwas Wiese
2. Das Paar auf dem Fahrrad mit Lenkrad und Ballons
3. Hasenköpfe, Arm der Hasendame mit Lenkrad, vorderes Jackenteil des Hasenherrn mit Arm, Lenkrad, Korb und Ballons
4. Korb, Hut, Ballons

Zum Schluss den Bilderrahmen mit grüner Farbe betupfen.

Osterhasen

Servietten
Häschen auf der Wiese, Hase Langohr, Hase Schlappohr, Blümchen

Deko-Objekte
Holzscheit
grüner Terracotta-Topf,
Höhe 15 cm, Ø 11 cm
Styropor-Ei zum Öffnen, 11 x 15 cm
Styropor-Ei, 6 x 8 cm

Acryl- bzw. Allesfarbe
elfenbein

Kleber
Patio Paint, transparent

Holzscheit

Die Oberfläche hell grundieren, verschiedene Hasen mit Wiese ausreißen und entsprechend der Größe des Holzscheites anordnen.

Eine originelle Idee für Ihre Osterdekoration.

Styropor-Ei zum Öffnen

Beide Eihälften komplett mit Patio Paint und einer Blümchenserviette umhüllen. Überstehende Kanten nach innen leimen. Auf den Eideckel ein Hasenmotiv aufbringen. Das kleine Ei nur mit der Blümchenserviette dekorieren.

Topf

Der hellgrüne Topf braucht nicht grundiert zu werden. Reißen Sie einen Teil der Serviette mit Hase und Wiese aus und befestigen Sie es mit transparentem Patio Paint.

Tipp:

Sollten Sie einen naturfarbenen Topf verzieren wollen, muss dieser vorher hell grundiert werden!

Provence

Servietten
„Toscana", „Provence cream", „Miniorange", Lemon

Deko-Objekte
Weinflasche
eckige apricotfarbene Keramikvase mit goldenem Rand, Höhe 38 cm
Wandkästchen
Terracotta-Topf, Höhe 19 cm, Ø 16 cm

Acryl- bzw. Allesfarbe
elfenbein, grün

Kleber
Patio Paint, transparent

Wandkästchen

Den vorderen und Innenteil zunächst grundieren. Nun schneiden Sie ein Seitenteil der Serviette aus und dekorieren damit den vorderen Bereich. Für den hinteren Teil des Kästchens reißen Sie das Häuschenmotiv und zwei Olivenzweige aus.

Terracotta-Topf

Hierfür reißen Sie aus einer Viertel-Serviette den Orangenzweig aus und platzieren ihn auf dem Topf. Sehr interessant wirkt der Topf durch den zusätzlich aufgebrachten Schriftzug der Serviette, sowie einige Blüten und Früchte.

Zum Schluss den Topf mit etwas grüner Farbe betupfen.

Vase

Grundieren Sie die farbige Vase auf einer Seite an den Stellen, wo Sie später Ihr Serviettenmotiv platzieren möchten. Beginnen Sie mit dem Anlegen eines Zitronenmotivs unterhalb des Goldrandes. Das zweite Serviettenmotiv ordnen Sie so an, dass die Bordüre einen korrekten Übergang erhält.

Tipp:
Sollten Sie keine farbige Vase in dieser Form erhalten, grundieren Sie eine ähnliche Form zunächst apricotfarben und pinseln einen Goldrand auf.

Weinflasche

Grundieren Sie die Weinflasche und sparen den Flaschenhals aus. Zupfen Sie ein Viertel der Serviette aus und positionieren Sie es auf der Flasche. Sie eignet sich hervorragend für ein gutes Olivenöl.

I love you

Servietten „L' Amor"

Deko-Objekte Malpappe, 50 x 70 cm
Herztablett, Plastikdose in Herzform, Chipsrolle

Acryl- bzw. Allesfarbe elfenbein, rot, pink

Sprühfarbe blau, violett, rot

Kleber Patio Paint, transparent; Mod Podge, Kleister

Sonstiges weißes Tonpapier, weißes Seidenpapier, Notenpapier, goldenes Blattmetall, Glimmer, Malmedium, goldener Lackstift, fliederfarbenes Tüllband, flaches Styropor-Herz, 15 cm; Styropor-Herz, 9 cm

Ein Bild für Verliebte

Drapieren Sie eine Lage Seidenpapier mit Kleister auf der Malpappe. Nach dem Trocknen besprühen Sie das gesamte Bild mit blauer Farbe. Nun eine Schicht in Violett aufsprühen. Die beiden Styropor-Herzen mit roter Sprühfarbe kolorieren und trocknen lassen. Bügeln Sie eine komplette Serviette mit Mod Podge auf Tonpapier auf. Schneiden Sie zwei verschieden große Herzen, zwei Eckteile sowie drei Gänseblümchen aus. Ordnen Sie nun die besprühten Styropor-Herzen und die weiteren Teile im mittleren Bereich an. Aus einem alten Notenpapier drei Herzen ausschneiden und laut Abbildung anordnen. Zum Schluss die letzten Verzierungen mit einem goldenen Lackstift vornehmen. Auf dem großen Styropor-Herz ein paar Linien mit Blattgold aufbringen.

Fertig ist eine Liebeserklärung der besonderen Art.

Herztablett

Grundieren Sie das ganze Tablett mit einer hellen Farbe und streichen es mit Patio Paint ein. Schneiden Sie die Serviette entsprechend der Größe des Tabletts zu und legen sie Sie auf das Tablett. Zum Schluss noch einmal komplett mit Patio Paint bestreichen.

Plastikdose in Herzform

Die Pralinendose hell grundieren, einige Motive der Herzserviette ausschneiden und auf dem Dosendeckel platzieren. Den Dosenrand leicht mit roter Farbe betupfen.

Herzrolle

Die Papprolle pink grundieren, einige Herzen der Serviette ausreißen und damit die Rolle rundherum dekorieren. Mit etwas Glimmer und einer Tüllschleife die Dose veredeln. Fertig ist eine Vase für Seidenrosen oder eine Geschenkverpackung für Ihre Liebsten.

I love you
Love

Von Herzen

Servietten
moderne Herzen, goldene Herzen

Deko-Objekte
Sektflasche, Chipsrolle
Einmachglas, Herzbilderrahmen
Terracotta-Topf, Höhe 14 cm, Ø 13 cm
Styropor-Herzen, 9 cm; 5 cm

Acryl- bzw. Allesfarbe
elfenbein

Kleber
Patio Paint, transparent

Sonstiges
Naturbast, Dekoband, Glimmer

Herzbilderrahmen

Den grundierten Herzbilderrahmen mit verschieden großen Herzen dekorieren. Mit ein wenig Glimmer verzaubern Sie den herzigen Rahmen.

Terracotta-Topf

Dieser Topf ist schnell gemacht und eignet sich deshalb hervorragend als Mitbringsel oder als Muttertagsgeschenk. Der Topf wird hell grundiert und nur mit einem ausgeschnittenen Herzen dekoriert.

Styropor-Herzen

Grundieren Sie alle Herzen mit einer hellen Farbe und verzieren diese mit verschieden großen ausgerissenen Herzen.

Sektflasche

Grundieren Sie die vordere Seite der Flasche mit einem Schwämmchen. Reißen Sie verschieden große Herzen der Serviette aus und ordnen sie auf der Flasche an. Eine farblich passende Schleife rundet das Ganze ab.

Tipp:
Besonders originell ist es, wenn Sie eine gefüllte Flasche Sekt mit entfernfem Etikett dekorieren.

Herzchenrolle

Nach der Grundierung einen Streifen mit kleinen Herzchenmotiven ausreißen und längsseitig auf der Rolle aufbringen. Die se schnell gemachte Verpackung ist ideal für kleine Geschenke, wie ein hübsches Seidentuch oder andere Ideen für Verliebte.

Einmachglas

Ohne Grundierung legen Sie drei gleich große Herzen auf das Glas. Den Glasrand ziert eine Bastschleife.

Deko-Objekte Fotoalbum; lachsfarbene Vase, Höhe 20 cm
lachsfarbene Vase, Höhe 25 cm; Pralinendose aus Kunststoff

Acryl- bzw. Allesfarbe elfenbein, grün, blau, rot, pink

Sonstiges Glimmer, Schleifenband, 4 cm breit
Satinband, apricot mit weißen Punkten, 1,5 cm breit
Satinband apricot, 3 mm breit
goldene Klebebuchstaben
Elfenmotive aus dem Buch „Flower Fairys"

Im Elfenland

Fotoalbum

Grundieren Sie zunächst das Fotoalbum mit einer hellen Farbe. Schneiden Sie nun ein Elfenmotiv rechteckig aus und befestigen es mit Patio Paint auf der Vorderseite des Albums. Betupfen Sie die Vorder- und Rückseite des Albums mit blauer und grüner Farbe. Mischen Sie in das transparente Patio Paint etwas losen Glimmer und streichen diesen über das Bildmotiv sowie ca. 3 cm über das Bild hinaus. Den linken Rand des Albums bekleben Sie mit einem farblich passenden Dekoband. Die linke obere Ecke ziert eine Schleife aus Satinbändern. Eine individuelle Note erzielen Sie durch aufgeklebte goldene Buchstaben.

Tipp:

Dieses zauberhafte Fotoalbum ist eine nette Geschenkidee zur Geburt oder Taufe.

Dose

Nette Kleinigkeiten wie Glanzbilder oder Schmuck könnten in einer schön verzierten Dose ihren Platz finden. Die Dose hell grundieren, ein ausgeschnittenes Elfenmotiv auf dem Deckel positionieren und mit etwas Farbe und Glimmer verzieren.

Vasen

Schneiden Sie jeweils ein Elfenmotiv entsprechend der Vasengröße zu und platzieren Sie es auf die Vasen. Passend zu den Elfen können Sie die Vorderseite der Vasen noch farblich gestalten. Hierfür wenig Farbe mit einem Schwämmchen auftupfen.

Für den Golffreund

Servietten
„Golfing", „Ivy"

Deko-Objekte
Fotoalbum, Kakaodose
hellgrüne Keramikvasen,
Höhe 28 cm und 25 cm

Acryl- bzw. Allesfarbe
elfenbein, hellblau, grün

Kleber
Patio Paint, transparent

Sonstiges
Uhrwerk, Zeiger

Fotoalbum

Das Fotoalbum auf beiden Seiten grundieren. Den farbigen Serviettenrand wegschneiden, die Golfaccessoires stehen lassen. Die Vorderseite mit Patio Paint bestreichen und das Serviettenmotiv auflegen. Den Buchrücken mit einem kleineren, ausgerissenen Motiv schmücken. Den unteren Bereich mit grüner Farbe betupfen und nach oben hin blau gestalten.

Welcher Golffreund würde sich nicht über ein so individuell gestaltetes Fotoalbum freuen.

Golfuhr

Die Kakaodose komplett hell grundieren. Den unteren Bereich der Serviette ausreißen und nur die Golffahne detailliert ausschneiden. Einige Wiesenelemente werden angestückelt. Für die Zifferneinteilung werden zwei ausgeschnittene Golfbälle sowie ein Paar Schuhe aufgebracht. Im oberen Drittel der Dosenvorderseite mit Hilfe eines Cuttermessers ein Loch von 1 cm Ø ausschneiden. Das Uhrwerk im Inneren der Dose montieren und von außen die Zeiger aufsetzen. Ein auf Tonpapier geklebter Golfball ziert die Zeigermitte. Abschließend den Dosendeckel mit grüner Farbe kolorieren.

Vasen

Den vorderen Vasenteil mit heller Farbe betupfen und jeweils einen ausgerissenen Efeuzweig anbringen. Nun die Übergänge mit hellgrüner Farbe tupfen.

GOLF
Geschichte und Geschichten
arsEdition

Nostalgie im Kinderzimmer

Serviette
Kasperletheater

Deko-Objekte
Bilderrahmen gerillt, 21 x 16 cm
Bilderrahmen gerillt, 24 x 19 cm
Holzkiste, 20 x 30 cm, Höhe 15 cm
Pappschachtel, 14 x 18 cm

Acryl- bzw. Allesfarbe
elfenbein, grün, blau

Kleber
Patio Paint, transparent

Bei allen Teilen ist eine helle Grundierung erforderlich.

Holzkiste

Für ein Seitenteil der Kiste aus der Serviette das Puppentheater und zwei Kasperlepuppen ausreißen. Die Motive mit Patio Paint auftragen und danach die Zwischenräume mit blauer Farbe betupfen.

Schachtel

Auch hier einige Motive der Serviette ausreißen, auf dem Dosendeckel anordnen und schließlich mit grüner Farbe die Zwischenräume betupfen.

Bilderrahmen

Für die Bilderrahmen benötigen Sie nur jeweils den Serviettenrand. Bringen Sie diesen mit Patio Paint auf.

Fertig sind originelle Bilderrahmen zum Verschenken.

Bärenstarkes Zimmer

Spielzeugkiste

Die gesamte Tonne mit dem Mosaikspray einsprühen und gut trocken lassen. Entsprechend der Tonnengröße einen farblich passenden Stoff zuschneiden und mit Hilfe von Bügelvlies am oberen Rand der Tonne befestigen. Für eine bessere Stabilität den Deckelrand mit Gewebeband überkleben. Auf die Vorderseite eine Viertel-Serviette mit Teddymotiv aufbringen. Den unteren Rand mit ausgerissenen blauen Blümchen gestalten. Eine blaue Blume neben den Teddyrahmen aufbringen.

Holzbügel

Die Bügel zieren zwei Bärenköpfe. Die Bügel mit blauer Farbe betupfen.

Servietten
„Bären", blaue Blumen

Deko-Objekte
Waschmitteltonne, Holzbügel,
Holzgarderobe, Holz-Schmuckdose

Acryl- bzw. Allesfarbe
elfenbein, hellblau,
blau/grünes Mosaikspray

Kleber
Patio Paint, transparent; Mod Podge

Sonstiges
weißes Gewebeband, 15 mm breit
Stoff, mint-weiß gestreift
Bügelvlies, weißes Tonpapier,
Perlmuttglimmer, Abstandsband

Teddygarderobe

Das Teddymotiv 3 x mit Mod Podge auf Tonpapier bügeln. Das erste Motiv mit einer Wolke als Hintergrund ausschneiden. Für die zweite Schicht benötigen Sie nur das Bärenpaar. Bitte schneiden Sie auch das Schleifeninnenteil aus. Dieses Element mit Abstandsband auf das untere Bärenpaar kleben. Für die dritte Schicht den Kragen mit Krawatte und Ärmel des Bärenjungen, die Schleife des Bärenmädchens sowie beide Schnauzenteile mit Abstandsband aufsetzen. Zum Schluss das Wolkenmotiv mit Heißkleber hinter die Garderobenleiste kleben.

Schmuckdose

Auch die Schmuckdose ziert ein Bärenmotiv. Etwas eingemischter Glimmer in dem transparenten Patio Paint deutet auf einen wertvollen Inhalt.

Teddys

Servietten
Bär mit Hut, Bärenfeier

Deko-Objekte
Kakaodose, Kaffeedose

Acryl- bzw. Allesfarbe
elfenbein, gelb, grün

Sonstiges
Uhrwerk, Zeiger

Beide Dosen hell grundieren, mit ausgerissenen Serviettenmotiven dekorieren und anschließend mit Farbe betupfen. Zum Schluss für die Uhr ein Loch von ca. 1 cm Ø schneiden, das Uhrwerk von innen montieren und außen die Zeiger aufsetzen.

Jetzt geht die Party richtig los!

Servietten
Zebra, kleine Kindermotive

Deko-Objekte
farbige Trinkbecher aus Kunststoff, Pappschachtel, 3 Chipsrollen

Acryl- bzw. Allesfarbe
elfenbein, gelb

Kleber
Patio Paint, transparent

Sonstiges
rotes Satinband, 10 mm breit

Die Rollen und die Schachtel komplett hell grundieren, die Becher auf einer Seite herzförmig betupfen.

Kleinkram-Utensilo

Aus der kleingemusterten Serviette jeweils einen Streifen mit drei Motivteilen ausschneiden und mit Patio Paint auf die Dosen aufbringen. Die Dosen mit Satinband zusammenbinden und mit zwei Schleifen dekorieren.

Hier finden Stifte, Pinsel und sonstiger Kleinkram Platz.

Becher

Auf jeden Becher ein ausgerissenes Motivteil legen und den gesamten Becher mit Patio Paint bestreichen.

Tipp:

Diese Becher nicht in die Spülmaschine geben, nach Gebrauch nur vorsichtig von Hand spülen. Ideal für einen Kindergeburtstag, da jedes Kind „seinen" Becher auf Anhieb erkennt.

Pappschachtel

Die Pappschachtel mit einem ausgerissenen Zebramotiv und Herzbordüren schmücken.